BEI GRIN MACHT SICH IHR WISSEN BEZAHLT

AF152776

- Wir veröffentlichen Ihre Hausarbeit,
  Bachelor- und Masterarbeit

- Ihr eigenes eBook und Buch -
  weltweit in allen wichtigen Shops

- Verdienen Sie an jedem Verkauf

Jetzt bei www.GRIN.com hochladen und kostenlos publizieren

Isabel Chowanietz

Selbstsozialisation - ein kurzer Überblick

GRIN Verlag

Bibliografische Information der Deutschen Nationalbibliothek:

Die Deutsche Bibliothek verzeichnet diese Publikation in der Deutschen National-
bibliografie; detaillierte bibliografische Daten sind im Internet über http://dnb.d-
nb.de/ abrufbar.

Impressum:

Copyright © 2004 GRIN Verlag GmbH
Druck und Bindung: Books on Demand GmbH, Norderstedt Germany
ISBN: 978-3-640-88269-4

Dieses Buch bei GRIN:

http://www.grin.com/de/e-book/45281/selbstsozialisation-ein-kurzer-ueberblick

GRIN - Your knowledge has value

Der GRIN Verlag publiziert seit 1998 wissenschaftliche Arbeiten von Studenten, Hochschullehrern und anderen Akademikern als eBook und gedrucktes Buch. Die Verlagswebsite www.grin.com ist die ideale Plattform zur Veröffentlichung von Hausarbeiten, Abschlussarbeiten, wissenschaftlichen Aufsätzen, Dissertationen und Fachbüchern.

Besuchen Sie uns im Internet:

http://www.grin.com/

http://www.facebook.com/grincom

http://www.twitter.com/grin_com

Ausarbeitung zum Referat vom 18.05.2004

„Selbstsozialisation"

Universität Lüneburg im Sommersemester 2004

im Seminar „Varianten von Pädagogisierungskritik"

Lüneburg, Juni 2004

INHALT	SEITE

1. Einleitung

In dem Seminar „Varianten von Pädagogisierungskritik" sprachen wir über verschiedene Thesen und Denkansätze, die die Pädagogik und das Erziehen an sich in ihre Schranken verweisen und Grenzen aufzeigen sollen. In dem Seminar beschäftigten wir uns mit drei Teilaspekten der Pädagogisierungskritik. Zum einen mit den überzogenen Hoffnungen, die mit den Auswirkungen der Erziehung verbunden werden, zweitens mit der Inszenierung der Kindheit, einer Art „Überfütterung" mit gut gemeinten erzieherischen Handlungen, und drittens mit der Problematik der Erziehung in Theorie und Praxis, wobei die etwas provokante Frage „Sollte die Erziehung abgeschafft werden?" im Mittelpunkt der Überlegungen stand.

Ein wichtiger Punkt in Bezug auf die eben angesprochenen überzogenen Hoffnungen bestand maßgeblich in dem Verständnis dessen, was die Pädagogik leisten kann und wo gänzlich andere Faktoren das Aufwachsen, Denken und Handeln des Kindes beeinflussen, und weder von den Eltern, noch von Erziehern oder Lehrern zu beeinflussen sind.

In unserem Referat widmeten wir uns in diesem Zusammenhang der These der Selbstsozialisation, also der Annahme, dass Kinder und Jugendliche sich selbst, auch ohne Beihilfe der älteren Generation, sozialisieren.

Ich werde im Folgenden genauer erläutern, was unter den Begriffen „Selbstsozialisation" und „peer-Sozialisation" verstanden wird und welche Belege, Indizien und Forschungsbefunde dieses Phänomen untermauern sollen. Anschließend werde ich mich den ungewollten Nebenwirkungen in der Erziehung nach Spranger widmen und anhand des Beispiels der Mediennutzung von Kindern erläutern, was hierbei unter Selbstsozialisation verstanden wird. Abschließend werde ich mich den problematischen Folgen der Selbstsozialisation zuwenden.

2. Selbstsozialisation

Um das Phänomen der Selbstsozialisation genauer beleuchten zu können, ist es vorab unerlässlich, den Begriff „Sozialisation" genauer zu erläutern.

Unter Sozialisation wird der Prozess der Auseinandersetzung eines Menschen mit seinen biologischen und psychologischen Dispositionen und der sozialen und physikalischen Umwelt verstanden, durch den der Mensch zum gesellschaftlich handlungsfähigen Subjekt wird. Die Fähigkeiten und Fertigkeiten des kompetenten Handelns werden von einer Lebensphase zur anderen modifiziert und weiterentwickelt.[1]

Jürgen Zinnecker behauptet, dass die Sozialisationsforschung in den 60er Jahren in Deutschland aufkam, mit der Absicht, die zu eng gewordene Begrifflichkeiten des pädagogischen Diskurses zu erweitern.[2] Dementsprechend kann davon ausgegangen werden, dass unter Selbstsozialisation Sozialisation in eigener Regie verstanden wird. Pädagogisches Wollen und Handeln wird in diesem Kontext ausgeklammert, da die Pädagogik einen fremdsozialisatorischen Einfluss darstellt. Kinder und Jugendliche schreiben – unabhängig von der Fremdsozialisation durch Eltern, Erzieher und Lehrer – sozialen und kulturellen Ereignissen in ihrer Umwelt eine eigene Bedeutung zu. Sie entwickeln eine spezielle Handlungslogik für den Umgang mit der sozialen Umwelt und formulieren hierbei selbstständig eigene Ziele für ihr Handeln.[3] Es ist jedoch zu betonen, dass der Begriff „Selbstsozialisation" an sich durchaus positiv behaftet ist, zumal in der Sozialisationsforschung Begriffe mit „Selbst-" im Allgemeinen als positive und erstrebenswerte Ziele gelten (Bsp.: Selbstkultivierung, Selbstverwirklichung oder Selbstermächtigung). Die These der Selbstsozialisation kam, nach Zinnecker, in den 80er Jahren zu

[1] vgl. Hurrelmann, Klaus: „Selbstsozialisation oder Selbstorganisation? Ein sympathisierender, aber kritischer Kommentar" in: „Zeitschrift für Erziehungssoziologie und Sozialisationsforschung 22" (2002), S. 155
[2] vgl. Zinnecker, Jürgen: „Selbstsozialisation – Essay über ein aktuelles Konzept" in: „Zeitschrift für Erziehungssoziologie und Sozialisationsforschung 20" (2000), S. 275
[3] vgl. Hurrelmann, Klaus: „Selbstsozialisation oder Selbstorganisation? Ein sympathisierender, aber kritischer Kommentar" in: „Zeitschrift für Erziehungssoziologie und Sozialisationsforschung 22" (2002), S. 157/158

Prominenz und spielte ab dieser Zeit in der Debatte um Sozialisation in Deutschland eine wichtige Rolle. Jedoch war die These der Selbstsozialisation in den 80er Jahren eher den Jungen als den Mädchen vorbehalten, da zu dieser Zeit die Jungen eher zur Selbstständigkeit ermutigt wurden als die Mädchen. Heute, so Zinnecker, ist Selbstsozialisation ein Programm, das für alle gilt.[4] Wie aber ist der Ablauf der Selbstsozialisation zu verstehen? Zinnecker unterteilt dazu die Selbstsozialisation, auf Hurrelmanns Definition basierend, in drei aufeinander folgende Schritte. Der **erste** Schritt sei der, dass Kinder den Dingen und sich selbst eine eigene Bedeutung zuschreiben. Der **zweite** Schritt sei der, dass Kinder für sich selbst eine eigene Handlungslogik entwerfen und der **dritte** Schritt der, dass sie eigene Ziele für ihr Handeln formulieren.[5] Abschließend wichtig hervorzuheben ist, dass Selbstsozialisation nicht nur als Einzel- sondern auch als Gruppenaktivität verstanden wird.

2.1 peer-Sozialisation

Wie schon erwähnt, wird die Selbstsozialisation auch als Gruppenaktivität verstanden. Forscher sprechen hierbei von der peer-Sozialisation (*peer (engl.) = Gleiche/r, Ebenbürtige/r = Gleichaltrige/r*). Kinder und Jugendliche sozialisieren sich gegenseitig selbst, auch ohne Beihilfe der älteren Generation.[6] Bereits in den 70er Jahren kam die These der peer-Sozialisation auf und ist heute aktueller denn je. In vielen aktuellen Untersuchungen spiegelt sich die Überzeugung wider, dass die entscheidenden Impulse zur Sozialisation heute von den peers und nicht mehr von den Sozialisationsinstanzen der älteren Generation herrühren. Verbunden mit der These der peer-Sozialisation ist eine spezielle Auffassung von Sozialisation im Allgemeinen. So sagt der nordamerikanische Kindheitsforscher und Kindheitsethnograph William

---

[4] vgl. Zinnecker, Jürgen: „Selbstsozialisation – Essay über ein aktuelles Konzept" in: „Zeitschrift für Erziehungssoziologie und Sozialisationsforschung 20" (2000), S. 275
[5] vgl. ebd. S. 279
[6] vgl. ebd. S. 283

Corsaro, dass Sozialisation eine interpretative Reproduktion von Kultur mittels kultureller Netzwerke von peers sei, die unseren Lebensweg lebenslang begleiten würden.[7] Corsaro setzt damit die peer-Sozialisation als existentiellen Bestandteil der Entwicklung und der jeweiligen Interpretation kultureller Ereignisse voraus. Die Kultur, oder allgemeiner die „Welt", würde durch jede neue Generation neu interpretiert, verstanden und weiterentwickelt. Denkt man diesen Gedanken Corsaros nun weiter, hat dieses Phänomen im Grunde genommen also schon immer existiert, da ansonsten keine Kulturentwicklung möglich gewesen sein könnte.

3. Belege, Indizien und Forschungsbefunde

Nachvollziehbar ist dieses Phänomen, meist aus eigener Erfahrung und aufgrund eigener Beobachtungen in Kindergarten und Schule, schon. Wichtig sind jedoch eindeutige, wissenschaftliche Belege, die die These der Selbstsozialisation untermauern. Zinnecker verweist in diesem Zusammenhang auf eben diese in der Forschung allgemein anerkannte Erkenntnis, dass die entscheidenden Impulse zur Sozialisation heute von den peers und nicht mehr von den Sozialisationsinstanzen der älteren Generation herrühren.[8] Des Weiteren macht er auf die Untersuchung in Bezug auf den „heimlichen Lehrplan" (*„hidden curriculum"*) aufmerksam. In den 70er Jahren wurde in Deutschland davon ausgegangen, dass die Lehrer für diesen unfreiwilligen Lehrplan, also das, was den Schülern in der Schule unbewusst beigebracht wurde, zuständig waren. Heute, so ist sich die Forschung einig, wird davon ausgegangen, dass dieser „heimliche Lehrplan" von den peers und nicht etwa von den Lehrern hervorgebracht wird.[9] Entscheidend sei aber, so Zinnecker, vor allem die Erkenntnis Luhmanns gewesen, der betonte, dass Schüler nicht bloß als Bestandteil der Schule oder Kinder als Bestandteil der Familie anzusehen seien. Laut Luhmann seien sie

---

[7] vgl. ebd. S. 282
[8] vgl. ebd. S. 283
[9] vgl. ebd. S. 284

personale Umwelten von Schule und Familie. Sie bildeten eigenständige, komplexe „personale Systeme" und operierten nach einer eigenen System- bzw. Psycho-Logik.[10] In den USA wird derzeit gar über die Entthronung der Eltern und die Inthronisierung der peers als Sozialisationsinstanz diskutiert.[11] Die amerikanische Autorin und Forscherin Judith Rich Harris warf sogar die Frage auf, ob das von den Eltern Beigebrachte nicht gar von den Kindern „abgestreift" werden könnte, sobald sie aus dem Haus gehen. Vielleicht sei das, was die Eltern ihren Kindern in der Erziehung mit auf den Weg geben, völlig irrelevant und außerhalb der eigenen vier Wände nicht zu gebrauchen: „According to the nurture assumption, it is the parents who transmit cultural knowledge (including language) to their children and who prepare them for full membership in the society... I no longer believe, that this early learning, which in our society generally takes place within the home, sets the pattern for what is to follow. Although the learning itself serves a purpose, the content of what children learn may be irrelevant for the world outside their home. They may cast it off when they step outside as easily as the dorky sweater their mother made them wear."[12] Bei diesem Ansatz tritt der Aspekt der Pädagogisierungskritik, der die Vermutung betont, dass Erziehung reines „Versuchshandeln" oder gar „Glückssache" sei, deutlich in den Vordergrund.

4. Die ungewollten Nebenwirkungen in der Erziehung

Im Gegensatz zur Selbstsozialisation steht die Fremdsozialisation. Diese umfasst das pädagogische Handeln von Eltern, Erziehern und Lehrern, die versuchen, auf das Kind / den Jugendlichen einzuwirken und ihn nach ihren Vorstellungen und den Vorstellungen der Gesellschaft zu „formen". Auf die Selbstsozialisation des Individuums trifft also in jedem Falle auch noch die Fremdsozialisation von Seiten der Gesellschaft, verkörpert durch Erziehungsinstanzen. Dass bei diesem

---

[10] vgl. ebd. S. 278
[11] vgl. ebd. S. 284
[12] vgl. ebd. S. 284

„Formungsversuch" jedoch auch ungewollte (aber nicht unbedingt schlechte) Nebenwirkungen auftreten können, unter anderem aufgrund dessen, weil das selbstsozialisatorische Bestreben des Individuums auf fremdsozialisatorische Intentionen trifft, macht Eduard Spranger in seinem Buch „Das Gesetz der ungewollten Nebenwirkungen in der Erziehung" deutlich. Er betont, dass Erziehung als geplantes Versuchshandeln zu verstehen sei, bei dem der Erfolg nicht in der Hand des Erziehers liege.[13] Der Erzieher habe eine Formungsabsicht, die sich auf das Verhalten und das Wesen des zu Erziehenden auswirken solle. Durch den Erzieher wirkten Tradition, Volksgeist, Zeitgeist etc. auf den zu Erziehenden ein – kurz: Kultur und Normen der jeweiligen Gesellschaft spiegelten sich in den Intentionen des Erziehenden wider.[14] Jedoch betont Spranger, dass auch der zu Erziehende kein isoliertes Wesen sei. So sei es nur verständlich, dass „Formungswunsch" (die Vorstellung dessen, wie das „Endprodukt", also in dem Fall der „fertig erzogene Mensch", aussehen soll) und das tatsächlich Erreichte sich oftmals nicht decken würden. Spranger bringt hierbei einen Vergleich mit einer Billardkugel an. Die Billardkugel nehme nicht ganz die Laufrichtung, in die wir sie stoßen. Sobald sie z.B. auch noch an die Bande stößt, wirkten ganz andere Faktoren auf sie ein, als wie wir es geplant hätten.[15] Spranger sagt jedoch auch, dass einige Faktoren schon im Voraus mit eingeplant werden könnten, andere könne man jedoch nicht berechnen. Die Grenze zwischen „voraussehbar" und „nicht voraussehbar" sei jedoch durchlässig, da neue Forschungen und Beobachtungen dazu führten, dass immer mehr Zusammenhänge aufgedeckt oder vermeintlich aufgedeckte Zusammenhänge revidiert werden könnten.[16] Spranger unterteilt im weiteren Verlauf verschiedene Grundstile der Erziehung und zeigt auf, mit welchen Nebenwirkungen gerechnet werden könne. Dazu beschreibt er vier gegeneinander gestellte Erziehungsstil-Paare:

1. den inselhaften (isolierenden) und den weltnahen Stil

---

[13] vgl. Spranger, Eduard: „Das Gesetz der ungewollten Nebenwirkungen in der Erziehung", Heidelberg 1962, S. 7
[14] vgl. ebd. S. 22
[15] vgl. ebd. S. 9/10
[16] vgl. ebd. S. 10/11

2. den freien (liberalen) und den gebundenen Stil
3. den vorgreifenden und den entwicklungsgemäßen Stil
4. den uniformen und den individualisierenden Stil

Der isolierende Stil besagt, man könne nur in einem bestimmten Abstand zum wirklichen Leben und dem Einfluss des herrschenden Zeitgeistes wirksam erziehen, wohingegen der weltnahe Stil das genaue Gegenteil favorisiere. Ein Beispiel für den isolierenden Stil, der der Jugend eine Art „Schonraum" gewähren soll, wären die Klosterschulen, die meist in ländlichen Gegenden angesiedelt seien. Insbesondere Jean Jaques Rousseau sei ein Anhänger dieses Stils gewesen.[17] Als ungewollte Nebenwirkung könne bei diesem Erziehungsstil in Erscheinung treten, dass die Jugendlichen weltfremd werden, da sie ausschließlich Berichte und Theorien über die Wirklichkeit kennen würden. Um sich in die Praxis des wirklichen Lebens einzufinden und das Wissen um die Theorie mit der Praxis zu verknüpfen, nachdem sie die Schule verlassen haben, bräuchte es eine lange Zeit. Positiv sei jedoch hervorzuheben, dass ein Blick „von oben" gewährleistet werde. Der Schüler könne über den Dingen stehen, weil er nicht gleich in die Gesellschaftsmaschinerie eingepasst werde.[18] Der weltnahe Stil, der sofort den direkten Kontakt zur Realität herstellt, stehe dazu im Kontrast. Mit der heutigen Zeit verglichen würde dies vielleicht dem 16-jährigen Hauptschüler entsprechen, der gleich nach der Schulentlassung eine Lehre beginnt und somit schnell ins Arbeitsleben einsteigt. Der junge Mensch könne hierbei schnell Leistungen bringen, auf die er von der Gesellschaft prompt eine Rückmeldung bekomme. Als ungewollte Nebenwirkung stehe diesen Positiva gegenüber, dass dieser junge Mensch niemals über den Dingen stehen könne. Im fehle der Weitblick und die Übersicht, die dem isolierend Erzogenen vergönnt sei. Er sei gleich an Strukturen und Vorgegebenes gefesselt. Dadurch, dass er nie über andere Epochen und Gesellschaften gelernt habe, würde ihm auch der Vergleich mit der aktuellen Situation fehlen. Diese eingeschränkte Sichtweise sei nicht sehr innovativ.[19]

---

[17] vgl. ebd. S. 41
[18] vgl. ebd. S. 42/43
[19] vgl. ebd. S. 43

Der liberale Stil versuche hingegen, innere Kräfte im zu Erziehenden wachzurufen, die im Endeffekt produktiver wirkten als alles, was man durch äußere Führung erreichen könne. Jugendliche sollten durch ihre Irrtümer gehen, weil das produktiver sei als die gedankenlose Befolgung fremder Weisheit. Die ungewollte Nebenwirkung liege hierbei jedoch schnell auf der Hand: Beim Lockerhalten der Leine könne nichts als Ungebundenheit herauskommen. Die eindeutige Gefahr bestehe bei diesem Erziehungsstil darin, dass der Jugendliche im Gefängnis landet, weil er keine Regeln und Grenzen aufgezeigt bekommen habe.[20] Der gebundene Stil bestehe dementsprechend in purer Gehorsamsforderung. Als ungewollte Nebenwirkung sei zu erwähnen, dass alles eigens Gewollte durch den Fremdwillen im Keim erstickt werde. Am Ende würde der maßlose Drang nach Freiheit entstehen, durch den der Mensch doch noch verloren gehen könne. Außerdem fehle ihm die Fähigkeit, sich in ganz neuen Situationen allein zurecht zu finden.[21]

Die restlichen Stile bezeichnet Spranger als Sonderfälle zum Zentralproblem „freier oder gebundener Stil"[22] und behandelt sie daher nur kurz. Der vorgreifende Stil greife – wie der Name schon preisgibt – der Entwicklung und dem ungelenkten geistigen Fortschritt des Kindes vor. Dahinter stehe die Annahme, dass bei den Anforderungen der hochmodernen Kultur das Lerntempo beschleunigt werden müsse. Die ungewollte Nebenwirkung sei hierbei, dass vieles über das Wertverstehen der jungen Menschen hinausgehe. Sie wären überfordert und verwirrt, weil sie das Gelernte noch nicht mit Sinn füllen könnten.[23] Der entwicklungsgemäße Stil wartete den jeweils erforderlichen Reifezustand ab. Spranger betont jedoch sofort, dass dieser Stil pädagogisch gesehen geradezu falsch sei. Man würde viel Zeit verlieren, wenn man die Fragen der Kinder abwarte und außerdem habe sich habe sich in der Vergangenheit zu Genüge gezeigt, dass dieser Stil nicht sinnvoll sei. Eine Mischform aus beiden Stilen wäre, so Spranger, ideal. Jedoch sei dies eine schwere Kunst.[24]

---

[20] vgl. ebd. S. 44/45
[21] vgl. ebd. S. 47
[22] vgl. ebd. S. 48
[23] vgl. ebd. S. 49
[24] vgl. ebd. S. 49/50

Der uniforme Stil favorisiere die Erziehung, die bei jedem Individuum gleich gehandhabt werde, wohingegen der individualisierende Stil auf die Eigengesetzlichkeiten jedes Kindes reagiere. Laut Spranger sei die Entscheidung zwischen den Stilen eine Sache ethischer Entscheidung und weltanschaulicher Stellungnahme.[25] Die ungewollten Nebenwirkungen seien hierbei auf psychologischer Ebene zu suchen. Behandele man alle Kinder gleich, würden nicht alle gleich darauf reagieren – es komme Unterschiedliches dabei heraus. Die uniforme Erziehung ziele auch auf diejenigen ab, die sich dem Schema widersetzten. Jedoch ließe sich nur derjenige wirklich prägen, der wenig Eigenes mitbringe. Der individualisierende Stil könne hingegen auch nur soviel berücksichtigen, wie ihm bekannt sei und wohl kaum ein Erzieher könne so tief in die Seele eines Kindes blicken, dass er mit Sicherheit sagen könne, wie es um das Kind bestellt sei. Außerdem würde das Kind niemals gefordert werden, etwas zu wissen oder zu tun, was gegen seine Anlagen ginge. Es bestünde also die Gefahr, dass nicht genügend Energie geweckt werde.[26] Spranger wirft in diesem Kontext die Frage auf ob derjenige, der niemals etwas <u>soll</u> überhaupt erzogen wird.[27]

In der Erziehung solle man sich dieser Nebenwirkungen bewusst sein, sich mit ihnen auseinandersetzen und abwägen, welche man in Kauf nehmen könne. Außerdem solle man sich bewusst machen, ob es andere Maßnahmen gäbe, durch die die Nebenwirkungen behoben werden könnten. Manchmal jedoch würden die Vorstellungen gerade <u>trotz</u> des Erziehungsstils erfüllt.

5. Selbstsozialisation in Bezug auf die Mediennutzung von Kindern

In Bezug auf die Selbstsozialisation bei Kindern und Jugendlichen haben besonders in den letzten Jahren die Medien in diesem Kontext an Bedeutung gewonnen. Fernsehserien und Computerspiele beeinflussen die Kinder- und Jugendkultur in steigendem Maße. In der öffentlichen Debatte wird Mediennutzung eher mit Konsum und passiver

---

[25] vgl. ebd. S. 50
[26] vgl. ebd. S. 51/52
[27] vgl. ebd. S. 52

Vereinnahmung verbunden und für Fehlentwicklungen verantwortlich gemacht. Jedoch ist im Rahmen von Medienforschung deutlich geworden, dass die jungen Nutzer durchaus aktiv und zum Teil sehr kompetent mit Medien umgehen.[28] Laut Mansel, Fromme, Kommer und Treumann ist es jedoch unerlässlich, vorab noch Grundkenntnisse der Selbstsozialisation abzuklären, um auf die Mediennutzung eingehen zu können.[29] Sie betonen, dass Personen Informationen und Reize aus ihrer Umwelt, und damit auch aus den Medien, nicht nur bloß wahrnehmen, sondern auch selektieren, sondieren und gezielt nach Informationen und Reizen suchen würden. Sie würden außerdem subjektive Deutungen vornehmen und dem Deutungsangebot individuelle Bedeutungen zuschreiben.[30] Damit widersprechen sie dem allseits bekannten Vorurteil dass z.B. Kinder das Fernsehprogramm lediglich anschauen, aufsaugen und das Gezeigte in ihr Alltagshandeln übernehmen würden. Sie würden nämlich weitergehend, so Mansel, Fromme, Kommer und Treumann, das Gesehene auf der Grundlage der bereits gesammelten Erfahrungen interpretieren, bewerten und verarbeiten.[31] Auf wahrgenommene Bedingungen, die aus der Sicht des Individuums der Weiterentwicklung im Weg stehen würden oder die Befriedigung von Bedürfnissen nicht ermöglichen, werde die Person versuchen einzuwirken oder sie zu ihren Gunsten zu verändern versuchen. Dies sei der Hintergrund für neue Kompetenzen und Fertigkeiten, die zu Handlungsstrategien kombiniert würden. Könne die Diskrepanz zwischen subjektiven Ansprüchen und äußerer Situation nicht durch Veränderung der Lebensbedingung herbeigeführt werden, würden eigene Vorstellungen modifiziert, Ansprüche zurückgestellt oder Wünsche revidiert.[32] Mansel, Fromme, Kommer und Treumann gehen also davon aus, dass in Bezug auf Medienkonsum eine aktive Arbeit an sich selbst stattfindet. Weitergehend behaupten sie, dass, wenn eine Person zu dem Resultat kommt dass sie sich in ihrer

---

[28] vgl. Mansel, Jürgen u.a.: „Selbstsozialisation, Kinderkultur und Mediennutzung" in Fromme, J. / Kommer, S. / Mansel, J. / Treumann, K.-P- (Hrsg.): „Selbstsozialisation, Kinderkultur und Mediennutzung", Opladen 1999, S. 10
[29] vgl. ebd. S. 10
[30] vgl. ebd. S. 10
[31] vgl. ebd. S. 11
[32] vgl. ebd. S. 11

Selbstverwirklichung von ihrem Ideal entfernt, sie selbst Anstrengungen unternehmen wird, die Abweichung zu stoppen und in die gewünschte Richtung zu lenken. Sie begebe sich in Kontexte, von denen sie sich eine bestimmte Förderung oder Entwicklung erhofft. Sie sei somit den gesellschaftlichen Strukturen nicht ausgeliefert, da Entscheidungsalternativen und Mitwirkungsmöglichkeiten blieben.[33] Wissenschaftlich betrachtet seien Kinder also nicht auf Objekte der medialen Einflüsse zu reduzieren. Sie seien keineswegs passive Rezipienten von Botschaften, die sich beliebig beeinflussen, manipulieren und formen ließen. Medienbotschaften durchdringen die Jugendkultur, bieten aber vor allem Identifikationsmöglichkeiten und helfen, die Welt zu verstehen.[34] Kinder und Jugendliche würden sich mediale Inhalte so umformen, dass sie ihren Interessen und Bedürfnissen besser entsprächen. Medieninhalte würden für die eigenständige Erkundung und Aneignung der Umwelt genutzt und gäben die Möglichkeit, die Welt mit für sie angemessenen Bedeutungen zu versehen und Entwicklungsaufgaben erfolgreich zu bewältigen.[35] Der entscheidende Punkt an den Überlegungen Mansels, Frommes, Kommers und Treumanns ist, dass Handlungslogiken nicht einfach aus den Medien kopiert, sondern modifiziert und neu entworfen, weiterentwickelt und angewendet werden. Sie würden beim individuellen Aufbau sozialer Beziehungen helfen, wenn z.B. Kinder über Fernsehserien diskutieren, somit gemeinsamen Gesprächsstoff finden und gemeinsam die Charaktere „weiterspinnen" und „weiterentwickeln" können.[36] Ein ähnliches Bild entstehe bei der genaueren Betrachtung der Computerspiele. Diese würden aktive Auseinandersetzungen trotz der Als-ob-Situation erfordern. Das Geschehen auf dem Bildschirm müsse mit Bedeutung versehen, Folgen und Nebenfolgen abgewägt und Entscheidungen gefällt werden, die in eine Aktion umzusetzen sind.[37] Würde das auf dem Bildschirm gesehene ins reale Leben kopiert werden, ohne dass eine genauere Auseinandersetzung mit den Szenen

---

[33] vgl. ebd. S. 11/12
[34] vgl. ebd. S. 14
[35] vgl. ebd. S. 14
[36] vgl. ebd. S. 15
[37] vgl. ebd. S. 15

erfolgt, würden die „Counterstrike-Netzwerkpartys" nicht so friedlich ablaufen, wie sie nun einmal ablaufen. Während Kindern und Jugendlichen in zahlreichen Lebensfeldern eine Einflussnahme verwehrt wird, so seien sie im Computerspiel unmittelbar gefordert. Sie erhielten Rückmeldungen zu ihren Aktionen, die bei Spielaktionen berücksichtigt und zu komplexen Strategien entwickelt würden. Im Unterschied zum Alltag seien Partizipationschancen zugelassen, sogar gefordert.[38] Zwar handelt es sich bei dieser Partizipation nur um eine virtuelle aber es zeige sich, dass sich, ähnlich wie bei anderen Spielen, nicht nur die vorgegeben Regeln angeeignet werden würden, sondern auch versucht werde, die Regeln zu überlisten. Dies könnte, würde man diesen Fakt jetzt weiter verfolgen, dazu führen, dass Sachgesetzlichkeiten im politischen und alltäglichen Leben kritisch hinterfragt werden, wenn dieses „Computerverhalten" auf das Verhalten des Kindes im Alltag „abfärbt". Weitergehend könnte somit der favorisierte Umgang mit Problemlagen überdacht und neue Lösungen durch kreatives Handeln gefunden werden.[39]

6. Die problematischen Folgen der Selbstsozialisation

Dollase listet in seinem Beitrag „Selbstsozialisation und problematische Folgen" insgesamt sechs Thesen auf, die zur Diskussion gestellt werden.

1. These: Richtige Erziehung kann fatale Folgen haben

Dollase betont, dass die problematischen Folgen der Selbstsozialisation als Ergebnis permanenter Vernachlässigung und Ausblendung der Grenzen der Erziehung gesehen werden können.[40] Die Realität der Sozialisation sei wissenschaftlich ständig unterbestimmt, weil nicht alle Faktoren, die ein bestimmtes Sozialisationsergebnis herstellten, bekannt

---

[38] vgl. ebd. S. 15
[39] vgl. ebd. S. 15/16
[40] vgl. Dollase, Rainer: „Selbstsozialisation und problematische Folgen" in Fromme, J. / Kommer, S. / Mansel, J. / Treumann, K.-P. (Hrsg.) „Selbstsozialisation, Kinderkultur und Mediennutzung", Opladen 1999, S. 31

seien.[41] Mit anderen Worten: Es besteht keine Gewissheit über die Folgen der Erziehung. Dass eine Tat x ein Ergebnis y hervorruft, kann niemals mit Sicherheit gesagt werden. Außerdem könne nur eine statistische Wahrscheinlichkeit für den Erfolg der „richtigen Erziehung" gegeben werden.[42] Ob ein spezifischer Fall jedoch zu den 99% oder zu dem 1% gehört, darüber lässt sich im Voraus nichts sagen. Auch auf die ungewollten Nebenwirkungen weist Dollase in diesem Zusammenhang hin. Er betont, dass diese meist unbekannt seien und sich viele bekannte Nebenwirkungen nicht prüfen oder messen ließen.[43] Weiter bemängelt er, dass die Grenzen der Erziehung aus politischer Rücksichtnahme gern geleugnet würden. Er differenziert daher drei Grenzen der Erziehung: Zum einen die Präskriptionsgrenzen, die aus formellen und informellen Normen bestünden und dadurch Ziele, Mittel und Inhalte der Erziehung begrenzen würden. Dollase gibt hierfür das Beispiel an, dass z.B. von Schulkindern in der heutigen Zeit kaum noch Disziplin verlangt werde. Zum zweiten benennt er die Realisierungsgrenzen, die dadurch entstehen würden, dass der Erzieher Schwierigkeiten habe sich gemäß einem erzieherischen Ideal zu verhalten und somit die Wirksamkeit der erzieherischen Maßnahme abgeschwächt sei. In anderen Worten: Der Erzieher steht nicht hinter dem Ideal, das er dem zu Erziehenden vermitteln soll und wirkt daher „unecht". Die dritten Grenzen bezeichnet Dollase als Wirkungsgrenzen. (Leider gab es an dieser Stelle im Buch anscheinend einen Druckfehler, da dort noch einmal genau das Gleiche steht, was auch schon über die Realisierungsgrenzen zu lesen war.) Als vierte und letzte Grenzen benennt Dollase die Störungsgrenzen. Diese würden in störenden Einflüssen und Faktoren bestehen, die die Wirksamkeit der erzieherischen Maßnahme schwächen würden. In anderen Worten: Dieser Punkt umfasst alles, was in irgendeiner Art und Weise kontraproduktiv auf die Erziehung wirkt.[44]

---

[41] vgl. ebd. S. 31
[42] vgl. ebd. S. 31
[43] vgl. ebd. S. 31
[44] vgl. ebd. S. 32

2. These: Erzieherisches Disengagement begünstigt Selbstständigkeitsdieologie

Dollase merkt an, dass das gesellschaftliche Klima, aufgrund des Unwillens der Eltern, sich intensiver mit dem Nachwuchs zu beschäftigen, die Selbstsozialisation schön reden müsse.[45] Die Menschen seien egoistischer geworden und würden sich nicht mehr in der Art um ihren Nachwuchs kümmern, wie es noch vor etwa 20 Jahren der Fall gewesen sei. Kinder würden als Einschränkung im Leben betrachtet. Indem nun der Fokus auf die Selbstsozialisation gelegt wird und diese anpreist, komme man den Eltern in dieser Hinsicht noch weiter entgegen. Das Bequeme werde als das Gute gewürdigt.[46]

3. These: Kollektive Sozialisation erschwert Verhinderung problematischer Folgen der Selbstsozialisation

Weiter führt Dollase an, dass die kollektive Sozialisation in Gruppen (z.B. im Kindergarten) den pädagogisch wichtig Kontakt mit den Eltern verdünnen würde. Für das Sozialverhalten und für die Sprachentwicklung sei der Kontakt zu der Sozialisationsinstanz Eltern sehr wichtig und nicht zu vernachlässigen. Außerdem würden die Entwicklungsrisiken, die die Gruppensozialisation nach Dollase birgt, kaum beachtet. Er merkt an, dass Kleinkinder, die in einer Gruppe Gleichaltriger die Außenseiterposition haben, auch noch in der Schule Schwierigkeiten haben werden, diese Rolle loszuwerden.[47]

4. These: Fehlendes Geld in öffentlichen Kassen wird durch Selbststeuerungseuphorie kompensiert

Leere Staatskassen würden dazu führen, dass die Klassengröße zunimmt. Damit dies jedoch in ein positives Licht gerückt wird, werde auf das Selbstkontrollierte Lernen hingewiesen. Schüler würden hierbei Funktionen des Lehrers übernehmen. Auch in der Grundschule werde über die Selbststeuerungsnotwendigkeit diskutiert. Dass hinter alledem jedoch zum größten Teil ökonomische Interessen und nicht etwa

---

[45] vgl. ebd. S. 33
[46] vgl. ebd. S. 33/34
[47] vgl. ebd. S. 34

pädagogisch wertvolle Erkenntnisse stehen, werde völlig ausgeblendet. Mit anderen Worten: Pädagogische Konzepte würden missbraucht, um über die eigentliche Intention des Staates (Geld zu sparen) hinwegzutäuschen.[48]

5. These: Individualisierung der Sozialisationsmisserfolge

Der Staat entdecke die Eigenverantwortung, weil er kein Geld habe, so Dollase. Damit entlaste er sich jedoch automatisch von der Verantwortung, die er den Schülern gegenüber habe. Damit sei er demzufolge auch in der Lage, die Schuld für Misserfolge, gemäß der Selbstschuldtheorie „Du bist selbst Schuld, wenn aus dir nichts wird", anderen zuzuschieben. Auf der anderen Seite fordere er jedoch trotzdem gewisse Ergebnisse ein, kontrolliere und bewerte - wie ein „plärrender Vorgesetzter".[49]

6. These: Inkontingenz der Außenwelt begünstigt Selbstsozialisation

Kinder und Jugendliche bräuchten, nach Dollase, Lehrer und Erzieher, die klare Strukturen aufweisen. „Puddinghafte" Persönlichkeiten böten keine Fläche, an der sich die Kinder „reiben" oder „abarbeiten" könnten. Dollase zitiert an dieser Stelle eine Oberstufenschülerin, die in Bezug auf eine nach allen Seiten offene Lehrerin sagt: „Ich will ihr ja in den Arsch kriechen, aber ich finde das Loch nicht."[50] Des Weiteren bemängelt er, dass das Regelsystem der Gesellschaft, insbesondere die Kontrolle der Einhaltung von Regeln, massive Lücken habe. Es würde nicht konsequent bestraft, was zu einer Verwirrung der Kinder und Jugendlichen führte. Sie würden sich daran gewöhnen, dass man Straftaten begehen könne und nicht zwangsweise auch erwischt werden.[51] Außerdem sei die fehlende Validität der Fremdprognosen bzw. der Ratschläge ein hartes Brot für Kinder und Jugendliche. Kein Erwachsener vermag es ihnen heute z.B. mit Sicherheit zu sagen, welche Berufsausbildung auf dem Arbeitsmarkt Chancen hat. Die

---

[48] vgl. ebd. S. 35/36
[49] vgl. ebd. S. 36/37
[50] vgl. ebd. S. 37
[51] vgl. ebd. S. 38

Botschaft, die an die Kinder weitergegeben wird ist eindeutig: „Sieh zu, wie du vom Leben etwas hast, es kann dir niemand helfen und du bist völlig allein."[52] Problematische Folgen der Selbstsozialisation seien hierbei vorprogrammiert. Abschließend gibt Dollase noch zu bedenken, dass sich immer mehr Individuen der individuellen Kontrolle entziehen würden. Wir würden lernen, dass wir uns im Kollektiv verstecken könnten und Leistung, Engagement und Verantwortung sich nicht lohnen würden, gemäß dem Wort T.E.A.M – Toll, Ein Anderer Macht's.[53]

---

[52] vgl. ebd. S. 38/39
[53] vgl. ebd. S. 39

7. Literaturverzeichnis

- **Bauer, U.** (2002): „Selbst- und/oder Fremdsozialisation: Zur Theoriedebatte in der Sozialisationsforschung" in: „Zeitschrift für Erziehungssoziologie und Sozialisationsforschung 22"

- **Bründel, H. / Hurrelmann, K.** (2003): „Einführung in die Kindheitsforschung", 2. Auflage, Weinheim, Basel, Berlin

- **Dollase, R.** (1999): „Selbstsozialisation und problematische Folgen" in: Fromme, J. / Kommer, S. / Mansel, J. / Treumann, K.P. (Hrsg.): „Selbstsozialisation Kinderkultur und Mediennutzung", Opladen

- **Hurrelmann, K.** (2002): „Selbstsozialisation oder Selbstorganisation? Ein sympathisierender, aber kritischer Kommentar" in: „Zeitschrift für Erziehungssoziologie und Sozialisationsforschung 22"

- **Mansel, J. u.a.** (1999): „Selbstsozialisation Kinderkultur und Mediennutzung" In: Fromme, J. / Kommer, S. / Mansel, J. / Treumann, K.P. (Hrsg.): „Selbstsozialisation Kinderkultur und Mediennutzung", Opladen

- **Spranger, E.** (1962): „Das Gesetz der ungewollten Nebenwirkungen in der Erziehung", Heidelberg

- **Zinnecker, J.** (2000): „Selbstsozialisation – Essay über ein aktuelles Konzept" In: „Zeitschrift für Erziehungssoziologie und Sozialisationsforschung 20"

- **Zinnecker, J.** (2002): „Wohin mit dem „strukturlosen Subjektzentrismus"? Eine Gegenrede zur Entgegnung von Ullrich Bauer" In: „Zeitschrift für Erziehungssoziologie und Sozialisationsforschung 22"